ALLIANCE FRANÇAISE

COMITÉ PAUL-BERT

Patronage des étudiants indochinois en France

A LA MÉMOIRE

DE

KHATANARAK ROUN RŒUM

Né le 3 juillet 1894, à Battambang, Cambodge

PUPILLE DU COMITÉ PAUL-BERT

décédé à Saint-Pons (Hérault), *le 2 janvier 1913.*

A LA MÉMOIRE

DE

KHATANARAK ROUN RŒUM

Né le 5 juillet 1894, à Battambang, Cambodge

PUPILLE DU COMITÉ PAUL-BERT

décédé à Saint-Pons (Hérault), *le 2 janvier 1913.*

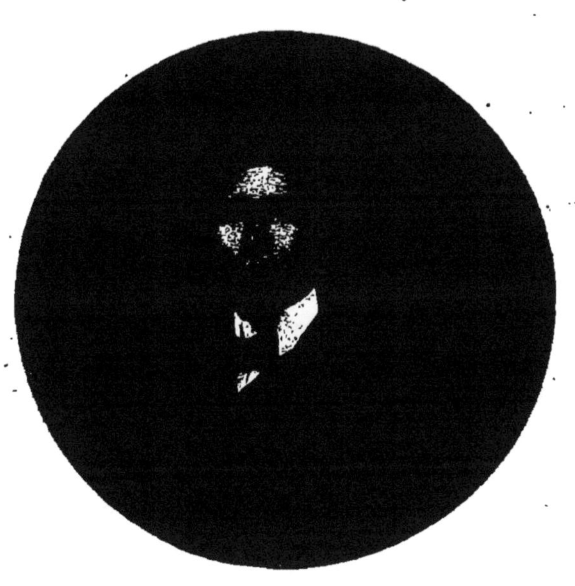

A LA MÉMOIRE

DE

KHATANARAK ROUN RŒUM

PUPILLE

du *Comité Paul-Bert de l'Alliance Française*, de Paris

1894-1913

L'enfance de Rœum à Battambang.

Khatanarak Roun Rœum était né à Battambang (Cambodge) le 5 juillet 1894. Fils de l'Oknha Kothea Noreah Roun, chaufaïkhet de Battambang, chevalier de la Légion d'honneur, il était le petit-neveu du Phya Katathorn qui fut le dernier haut commissaire siamois du territoire de Battambang, avant la rétrocession de cette province au Cambodge.

Il appartenait donc à une des plus anciennes familles du du pays, à la plus puissante, sans aucun doute, puisque, depuis plus d'un siècle, elle détenait, en vertu de droits héréditaires, le gouvernement de la province de Battambang.

Rœum avait gardé de cette origine une fierté naturelle et une indépendance de caractère dont ses parents et ses maîtres ont eu parfois quelque peine à réprimer les manifestations.

Son enfance se passa au milieu des siens à Battambang. Dès que son âge le permit, on lui fit suivre l'école de la pagode, où il reçut les premières leçons de cambodgien et de siamois. De bonne heure, il commença de manifester une prédilection marquée pour les sports. Il aimait particulièrement à monter à cheval. Entouré de quelques camarades, il se plaisait à faire les plus folles randonnées dans les environs de la ville : la plupart du temps, l'excursion se terminait par une course échevelée dont Rœum sortait généralement vainqueur. Il avait aussi la passion de la chasse : à l'âge de 12 ou 13 ans, il accompagnait déjà son père quand celui-ci organisait des battues ou chassait à dos d'éléphant.

Aussi, bien que fort jeune, exerçait-il sur ses petits camarades un assez grand prestige que ses qualités de cœur et son parfait esprit de camaraderie ne faisaient qu'accroître. Son départ pour la France devait leur causer à tous un profond chagrin.

C'est en 1909 que l'Oknha Kothea Noreah Roun décida d'envoyer ses enfants en France compléter leur instruction. D'intelligence très ouverte, entièrement acquis aux idées occidentales, le gouverneur Roun avait compris depuis longtemps la nécessité de cette séparation, si cruelle qu'elle lui parût. Il voulait, en donnant à ses fils une éducation moderne, les mettre à même d'arriver plus tard, par leur travail et leur intelligence, à une situation digne, en tous points, du rang éminent occupé jusqu'alors par sa famille. Le gouverneur Roun demanda à l'Administration de l'aider dans cette tâche en lui accordant pour ses enfants deux bourses d'études en France. Les services qu'il avait rendus à la cause française, au cours des deux années qui avaient suivi le traité franco-siamois du 23 mars 1907, et dans des circonstances souvent fort difficiles, avaient été trop appréciés pour que pareille demande ne fût prise en considération. Mais pour des raisons budgétaires une seule bourse put être accordée cette année-là.

Ce fut Rœuk, le fils aîné du gouverneur qui en bénéficia.

Quant à Rœum, il dut attendre l'année suivante. Entre temps, pour lui donner quelques notions de français, on lui fit fréquenter l'école franco-cambodgienne de Battambang. Puis, après un court passage à l'institution Taberd à Saïgon, il s'embarqua pour l'Europe.

Il ne devait plus, hélas! revoir son pays. Après une maladie de quelques jours, il succombait à Saint-Pons, le 2 janvier 1913, aux atteintes de la fièvre typhoïde.

Cette fin prématurée en enlevant Rœum à l'affection de ses parents et de ses amis, vient de ruiner à jamais les espérances que le Comité Paul-Bert fondait à si juste titre sur lui. A l'École primaire supérieure de Saint-Pons, comme au Cambodge, il avait su se faire apprécier et aimer de ses maîtres comme de ses camarades. Puissent les regrets sincères que sa disparition cause à tous ceux qui l'ont connu être un adoucissement à la douleur de ses malheureux parents.

H.-L. Richomme,
Administrateur des services civils
de l'Indochine.

Les obsèques de Rœum à Saint-Pons.

Le jeudi, 2 janvier 1913, après quelques jours de maladie, malgré tous les secours de la science et les soins dévoués qui lui furent prodigués, le jeune étudiant cambodgien Khatanarak Roun Rœum, âgé de 17 ans à peine, mourait à Saint-Pons.

Ses obsèques eurent lieu le lendemain soir, avec une solennité inaccoutumée dans notre ville et qui montre combien Rœum était aimé et estimé chez nous.

La levée du corps se fit à l'École primaire supérieure, dans le parloir de l'école, transformé en chapelle ardente, au milieu d'une assistance nombreuse et recueillie.

Le cortège, précédé du drapeau de la Société de gymnastique dont faisait partie le défunt, se composait d'une délégation de l'École primaire des filles et de leurs maîtresses; des élèves de l'École primaire de garçons et de leurs maîtres; des élèves de l'École primaire supérieure, des membres de la Société de gymnastique.

Des couronnes offertes par :

Oknha Kothea Noreah Roun, gouverneur de Battambang et sa femme, Soum :

A notre cher fils ;

Khatanarak Roun Rœuk :

A mon cher frère;

Le Comité *Paul-Bert* de l'Alliance Française :

A notre cher pupille;

Les pupilles du Comité *Paul-Bert* de l'*Alliance française:*

A notre camarade de l'Alliance Française :

Les élèves de l'École élémentaire de Saint-Pons :

A notre ami Rœum ;

Les élèves de l'École primaire supérieure de Saint-Pons :

A notre camarade Rœum ;

Mme et M. Cavaillès :

A notre cher Rœum;

étaient portées par des élèves des écoles; les cordons du poêle étaient tenus par des amis de Rœum.

M. Rœuk, frère du défunt, accompagné de M. Salles, secrétaire du *Comité Paul-Bert* de l'*Alliance Française* et de M. Cavaillès, directeur de l'École primaire supérieure, conduisait le deuil; suivaient : M. Coutelle, Inspecteur primaire, M. Hanh, jeune pupille de *l'Alliance Française*, les professeurs de l'École primaire supérieure.

Dans le cortège avaient encore pris place : MM. le Procureur de la République, les Receveurs des Finances, de l'Enregistrement, des Postes, des Contributions Indirectes, des Contributions Directes, le Juge de Paix; MM. Rouanet, Verdier, Garberon, Vidal du service vicinal; M. le maire de Saint-Pons et son premier adjoint; M. Moustelon, président du Comité de patronage de l'École primaire supérieure; des avocats, des avoués, et de nombreux amis qui avaient tenu à accompagner à sa dernière demeure le regretté Rœum.

Au cimetière, sur le seuil du caveau d'attente de la ville de Saint-Pons, où le corps du défunt a été déposé, M. Daffos, professeur à l'École primaire supérieure, prononça le discours suivant :

« Au nom des maîtres de l'École primaire supérieure, j'ai le triste devoir d'apporter à Rœum le suprême adieu.

« Pauvre ami, dors ton éternel sommeil, puisque les soins intelligents et dévoués de ceux qui t'entouraient, de celle que tu aimais et vénérais à l'égal d'une mère n'ont pu t'arracher à la mort.

« Tu avais su, venu depuis peu parmi nous, conquérir tous nos cœurs; ton humeur enjouée savait dérider les plus tristes; comme nous te pleurons aujourd'hui !...

« Brave cœur, tu devais, le 21 janvier, souhaiter la fête à ta mère adoptive; tu cachais, pour lui faire une agréable surprise, le cadeau que tu voulais lui offrir.....

« Elle te pleure aujourd'hui, et le 21 janvier ne sera pas une fête pour elle, parce que tu ne seras pas là.

« Nul n'aurait cru que l'injuste et cruelle mort pût terrasser aussi vite tant de jeunesse et de vigueur.

« Bien que nous nous sachions tous soumis à la dure loi de l'impitoyable faucheuse, chaque disparition nouvelle nous bouleverse et nous laisse atterrés.

« Et s'il se peut qu'une mort soit plus triste qu'une autre, celle de Rœum nous apparaît d'une infinie tristesse ; quelle doit être, en effet, la douleur de ses pauvres parents, là-bas, au Cambodge?...

« Nous la devinons en voyant celle qui brise le cœur de son frère, celle de M. Salles, de Mme et de M. Cavaillès, ses parents adoptifs, et nous ne savons que dire ; Voyez, nous pleurons avec vous; résignons-nous.

« Monsieur Rœuk, veuillez agréer nos plus affectueuses condoléances ; dites à vos parents combien nous aimions et comme nous regrettons leur cher disparu. Que la part que nous prenons à leur peine effroyable les console et vous console un peu.

« Que M. Salles, dont nous connaissons la paternelle sollicitude pour tous les pupilles de l'*Alliance Française*, sache quelle peine nous vaut la perte cruelle qu'il vient d'éprouver ; Rœum lui avait donné plus d'une joie et cela ne peut qu'augmenter le chagrin qu'il a de le perdre ainsi cruellement. Puissions-nous diminuer sa douleur en souffrant avec lui !

« Madame et monsieur Cavaillès, retrouvez le courage qu'il vous faut pour mener à bien l'écrasante tâche que vous avez assumée ; il vous manquera désormais l'un de vos plus chers enfants, mais les autres ont droit à la même affection, aux soins paternels que vous leur avez donnés jusqu'ici ; ils ne doivent pas souffrir de vos souffrances ; pour eux, cachez votre douleur.

« Et toi, malheureux ami, à qui la vie semblait très longtemps encore devoir sourire, à tout jamais glacé dans ton cercueil, reçois notre éternel adieu !... »

M. Hanh, étudiant annamite, ami du défunt, a remercié ensuite l'assistance de la gratitude qu'elle vient de témoigner à ces enfants de là-bas qui n'hésitent pas à venir chercher en France leur part de rayonnement intellectuel et artistique de la mère patrie; à Rœum, il a exprimé avec force les adieux touchants qu'un cœur meurtri est capable d'inspirer.

Puis l'assistance s'écoula, triste et recueillie, devant ce spectacle décourageant d'une tombe qui se ferme sur une jeunesse si regrettée.

Rœum laisse, en effet, d'unanimes regrets, soit dans Saint-Pons, soit dans sa famille adoptive.

Grand amateur de sports, il appartenait à toutes les sociétés (gymnastique, football, etc...) et s'y faisait remarquer par une souplesse, une adresse et une endurance exceptionnelles. Qui ne l'avait applaudi à Saint-Pons dans ses prouesses ! Et on n'applaudissait pas seulement en lui le virtuose du sport, mais aussi le brave garçon, au large rire, sympathique à tous, dès l'abord, par la franchise de son attitude et particulièrement apprécié, à la longue, pour la sûreté de ses relations. Aussi, peut-on dire que tout Saint-Pons l'a pleuré.

Mais c'est dans sa famille adoptive que sa perte reste particulièrement cruelle. C'est sa famille adoptive qui ressent à toute heure du jour le vide laissé autour d'elle par la disparition soudaine de Rœum !

Du garçon déjà solide qu'elle avait reçu en novembre 1910, elle avait fait un jeune homme admirablement découplé et elle avait assisté à ce bel épanouissement physique non sans orgueil.

De l'ignorant, elle avait fait un élève à l'esprit déjà cultivé, curieux, avisé et dont l'évolution semblait présager un bel avenir. Elle était tout heureuse enfin d'avoir insensiblement transformé le caractère entier, difficile de Rœum en un caractère malléable et se laissant aller doucement à l'influence bienfaisante du foyer familial, acceptant volontiers et par affection la soumission à des règles paternelles mais fermes. Bien plus, Rœum était devenu bon et prévenant pour les siens ; il y avait en lui un fonds de délicatesse tous les jours plus riche et qu'il s'agissait de savoir exploiter.

Et maintenant, rien ! Il ne reste rien de cette œuvre pour laquelle l'*Alliance Française* avait tant travaillé et qui eût fait un jour son orgueil si elle était restée debout. Rien de ce fils du Cambodge qui devait rentrer chez lui plus parfait qu'il n'en était parti, pour la grande joie de ses parents, pour le plus grand bien de son pays et de ses compatriotes.

Inclinons-nous devant la mort et cherchons une consolation dans la conscience du devoir accompli et dans la pensée que nous faisons pour d'autres ce que nous n'avons pu jusqu'au bout, faire pour lui !

CAVAILLÈS,
Directeur de l'École primaire supérieur
de Saint-Pons.

3517. — TOURS, IMPRIMERIE E. ARRAULT ET Cie

3517. — TOURS, IMPRIMERIE E. ARRAULT ET Cie.

www.ingramcontent.com/pod-product-compliance
Ingram Content Group UK Ltd.
Pitfield, Milton Keynes, MK11 3LW, UK
UKHW020958230726
13923UKWH00007B/2629

9 782019 242299